Erfolgsaussichten

Keine falsche Hoffnung: Die Lektüre allein macht Ihren *Slice* nicht gerade! Am Ende wissen Sie aber zumindest, wie Sie mit Ihren Schwachstellen umzugehen haben. Dem ewigen Frust können Sie gezielt den Kampf ansagen. Wie in kaum einer anderen Sportart müssen Sie beim Golf *wissen, wie es geht*. Zu verstehen, wieso der Ball ins Ziel fliegt, ist genauso wichtig, wie ihn tatsächlich dorthin fliegen zu lassen.

Aus dem weiten Spektrum, das wir im Golf zu meistern haben, soll mit diesem Band das Augenmerk auf einen Bereich gelegt werden, der bei den meisten Spielern immer wieder Auslöser verkorkster Runden ist. Der *gerade Ball* ist in die Rubrik Ursehnsucht eines jeden Golfers einzuordnen.

Nehmen Sie, ebenso wie Ihr Regelbuch, diese Anleitung immer mit auf die Runde. Quasi als Talismann soll sie Sie daran erinnern, mit Erfolg an sich gearbeitet zu haben. Jetzt, wo es gilt, müssen Sie das Errungene nur noch abrufen nach dem Motto:

Nie wieder Slice!

Analyse und Abhilfe (Basics)

Zuerst die tröstliche Nachricht: Der *Slice*, mit dem Sie sich herumplagen, ist nicht Ausdruck körperlicher Unfähigkeit. Ganz im Gegenteil. Die Ballkurve von links nach rechts ist Folge einer natürlichen (!) Schwungbewegung. Um die Jahrhundertwende, als die Schwungtechnik noch nicht auf dem heutigen Stand war, spielten selbst die Spitzenspieler »natürlich«, also mit einem *Slice* oder dessen kleinem Bruder, einem *Fade*. Percy Boomer berichtet in seinem empfehlenswerten Buch »On Learning Golf«, dass die Open-Gewinner Harry Vardon, John Taylor und George Duncan fast immer von links nach rechts spielten und ihnen nur in Ausnahmefällen ein *Draw* gelang.

Von dem erwähnten tröstlichen zum beschwerlichen Aspekt. Eben weil es sich bei der *Slice*-Bewegung um eine natürliche handelt, ist der Anti-*Slice* eine unnatürliche. Um den geraden Ball zum verlässlichen Bestandteil Ihres Spiels zu machen, bedarf es tiefgreifenden Verständnisses für die Bewegung selbst – und natürlich großen Fleißes beim Üben.

= »Gerader« Ball

Vergleichen Sie die Bildsequenzen: Der häufigste Grund für den *Slice* ist, dass der gesamte Körper in den Schwung geworfen wird. Synchron drehen sich Unter- und Oberkörper nach vorne. Der Schlägerkopf kommt von außen an den Ball. Für den »geraden« Ball hingegen wird bewusst auf jede **Drehbewegung zu Beginn des Vorschwungs verzichtet.** Der Körper bleibt hinter dem Ball.

Die grundlegenden Kriterien

Drei Kriterien (*Basics*) sind es, die über *Slice* oder Nicht-*Slice* entscheiden:

- die Bewegung der Schultern,
- der Beginn des Vorschwungs (entscheidet über die Schwungebene),
- die Bewegung der Hüften.

Im Folgenden erfahren Sie mehr über die Bewegungsfehler und wie Sie sie korrigieren können.

Die Bewegung der Schultern

Frage

»Was wird wie bewegt, um einen geraden Ball zu schlagen?«

Ihr Coach rät

So sieht die Bewegung der Schultern aus! Der Weg, den die rechte Schulter im Vorschwung nimmt, ist ein Basis-Kriterium für die Flugbahn des Balls.

06

Maßgeblichen Anteil an jedem Golfschwung haben die Schultern, und hier besonders die rechte (bei Rechtshändern). Auf *Slice* ist Ihr Schwung dann programmiert, wenn sich Ihre rechte Schulter – auf gleicher Ebene, wie sie sich zurückgedreht hat – auch wieder nach vorne dreht. Fast immer wird diese Bewegung ausgelöst durch die Drehbewegung der Hüften. Die Hüft- und die Schultermuskulatur stellen ein zusammenhängendes System dar, und bei fast allen unseren Bewegungsaktivitäten ist dieses Zusammenwirken sinnvoll. Eine Ausnahme bildet der korrekte Golfschwung. Bei ihm dreht sich die rechte Schulter bewusst nicht. **Sie geht nach unten und bewegt sich in Richtung auf die rechte Fußspitze**.

- Die rechte Schulter runter oder die linke rauf – das müssen Sie Ihrem Körper eintrichtern!
- Nicht um den Körper herum drehen, sondern das Gefühl entwickeln, mit der rechten Schulter unten durch zu gehen, so hat es Jack Nicklaus einmal ausgedrückt.

- Die rechte Schulter darf sich während des Vorschwungs zu keiner Zeit außerhalb der Füße befinden. Ein Schwunggedanke, der Ihr Üben nachhaltig beherrschen muss.

Der Beginn des Vorschwungs

Frage

»Um den *Slice* zu kurieren, heißt es immer, müsse man den Ball *von innen* treffen. Wie aber macht man das?«

Ihr Coach rät

Zu Beginn des Vorschwungs ist jede Schulterdrehung tabu. Am Ende des Rückschwungs ist »rechte Schulter nach unten« ein kategorischer Imperativ.

Denken Sie nur an Ihre rechte Schulter und fühlen Sie, wie sie sich im Rückschwung nach hinten dreht. Jeder gute Rückschwung ist durch optimale Drehung der Schulter gekennzeichnet. Je weiter man sich aufdrehen kann, umso besser. Bei jedem Spieler gibt es einen Punkt, an dem die Schulterdrehung und damit der Rückschwung ein natürliches Ende haben, und diesem Ende der Drehung kommt entscheidende Bedeutung zu. Denn genau an diesem Endpunkt hat die Bewegung der rechten Schulter **nach unten** zu erfolgen.

Anders ausgedrückt: Im Rückschwung verlagern Sie Ihr Körpergewicht nach rechts. Wenn diese Gewichtsverlagerung beendet ist, muss die Schulterbewegung nach unten stattfinden.

Es mag sich übertrieben anhören, aber es geht dabei um eine Bewegung, die zentimeter-, wenn nicht millimetergenau ausgeführt werden muss.

Wenn Sie zu Beginn des Vorschwungs, sei es mit der Schulter, sei es mit den Armen und Händen oder, wie es in den meisten Fällen geschieht, mit allen zusammen, nur ein ganz klein wenig (!) nach vorne drehen und damit von der geraden Linie nach unten abrücken, verändern Sie auch die Schwungebene – und zwar nicht nur ein klein wenig, sondern ziemlich dramatisch. Mit dem Ergebnis, dass an ein Von-innen-an-den-Ball-Kommen nicht mehr zu denken ist. Eine abweichende Bewegung der Schulter von nur 5 Zentimeter (nach vorne) verlegt die Schwungbahn des Schlägerkopfes nachweislich um mehr als 30 Zentimeter nach außen. *Slice!*

Wenn man bedenkt, dass solch geringfügige Abweichungen meist instinktiv geschehen, wird verständlich, wie schwierig es ist, den Schwung »von außen« zu korrigieren. Das »Runter der Schulter« in Richtung auf den rechten Fuß ist auf den ersten Blick gewiss nicht jedermanns Sache. Vielleicht werden ja auch Sie zum ersten Mal mit dieser »unnatürlichen« Bewegung konfrontiert. Und wenn Sie da skeptisch würden, wäre das durchaus verständlich.

Man kann sich fürs Erste kaum vorstellen, bei solcher Ausgangsposition den Ball überhaupt zu treffen – de facto treffen Sie ihn nach kurzer Zeit viel besser als je zuvor –, und vielleicht merken Sie auch kritisch an, von solcher Technik bisher noch nie etwas gehört zu haben. Schauen Sie sich daraufhin bewusst die Schwünge berühmter Spieler an. Die Spieler zeigen ausnahmslos jene Positionen, die hier beschrieben sind.

Die Bewegung der Hüften

Frage

»Was machen die Hüften während des Vorschwungs? Wie haben sie sich zu verhalten, damit sie nicht störend auf die Schulterbewegung Einfluss nehmen?«

Ihr Coach rät

Die ideale Darstellung findet sich in »Richtig Golf – länger und genauer« – einem Technikbuch, in dem die Gesamtproblematik vertieft dargestellt ist.

Während der Oberkörper noch den Rückschwung beendet, beginnt der Unterkörper schon mit dem Vorschwung. Es sind die Hüften, die sich deutlich in Richtung Ziel bewegt haben, wenn der Schläger das Ende des Rückschwungs anzeigt.
Schauen Sie auf die rechte Hüfte:
Von Drehung nach vorne keine Spur!

Wirklich tödlich ist ein bei Beginn des Vorschwungs sofortiges Drehen der Hüften zum Ziel. Mit dieser Drehbewegung Hand in Hand geht eine überaktive Drehung der rechten Schulter. Tatsächlich sollte Folgendes passieren:

- Die zentrale Bewegung ist die seitliche Verschiebung des Beckens in Richtung Ziel. Die Hüften drehen dabei so gut wie überhaupt nicht. Sie verschieben sich nach links, so weit sie können, und drehen sich erst dann, wenn sie sich lateral nicht mehr weiter bewegen können.
- Halten Sie bewusst die rechte Hüfte zurück. Dadurch kann einem Rundschwung (gemeint ist um den Körper herum) schon zu Beginn des Vorschwungs begegnet werden. Hilfreich ist hierbei, die rechte Ferse so lange es geht am Boden zu belassen. Alles richtig gemacht haben Sie, wenn sich das rechte Knie hinter dem linken befindet. Kein Geringerer als Ben Hogan hat auf die Bedeutung dieser Kniestellung zu Beginn des Vorschwungs immer wieder hingewiesen.

Ihr Coach rät

Drei Bewegungsschwerpunkte sind es also, denen Sie sich zu widmen haben, wenn Sie gegen Ihren *Slice* gezielt vorgehen wollen:

- An Stelle der Drehbewegung der Schultern im Vorschwung muss es zu einem betonten **runter** der rechten Schulter in Richtung auf die rechte Fußspitze kommen.
- Diese vertikale Bewegung der rechten Schulter hat genau am Endpunkt des Aufdrehens zu erfolgen.
- Vermeiden Sie ein zu frühes Drehen der Hüften ins Ziel. Halten Sie die rechte Hüfte am Beginn des Vorschwungs bewusst zurück.

Wenn Sie so wollen, handelt es sich bei diesen Empfehlungen um die sog. ***Basics wider den Slice***, und Ihr Trainingsprogramm sollte jetzt folgenden Verlauf nehmen:

Trainingstipps

➡ Lassen Sie sich von Ihrem Pro oder einem guten Spieler diese Bewegungssegmente demonstrieren. Wenn Sie dabei den Unterschied im Schwung eines *Slicers* und des Pros ausmachen können, brauchen Sie kein zusätzliches Golfwissen mehr. Was Sie jetzt benötigen, ist Hilfe beim Umsetzen dessen, was Sie wissen und was Sie bei guten Spielern sehen.

Noch einmal zu Percy Boomer, der in den 20er Jahren mehrere internationale Meisterschaften gewann und bis in die 40er Jahre hinein ein Golflehrer mit großer Reputation war. Er sagt von sich, dass es ihn zwanzig Jahre intensiven Übens gekostet habe, die natürliche *Slice*-Bewegung auszumerzen, und dass er dann wiederum lange Zeit gebraucht habe, ein erfolgreiches Lehrkonzept zu erarbeiten. Niemand, sagt er, könne sich dabei selber helfen. Nur gezielte Unterweisung schaffe Abhilfe.

Einmal angenommen, Sie haben in Arbeitsgemeinschaft mit Ihrem Pro oder mit befreundeten Spielern an dem neuen Bewegungsmuster gearbeitet, es auch schon weitgehend umgesetzt, aber Sie *slicen* zu Ihrem Kummer immer noch. Dann könnten weitere, bestimmte Fehlpositionen verantwortlich sein.

Auch daran könnte es liegen: Fehlpositionen

Griff

Frage

»Kann ich durch Verändern des Griffs etwas bewirken?«

Ihr Coach rät

1

2

Der häufig als perfekt bezeichnete »neutrale« Griff macht sich gut in der Ansprechposition (1). In einem technisch ansonsten korrekten Schwung aber ist das Schlägerblatt im Treffmoment ziemlich weit offen (2).

Was Sie benötigen, ist ein Griff, der gut im Treffmoment ist und nicht nur in der Ansprechhaltung. Bei dem, was wir Ihnen bezüglich eines optimalen Griffs raten können, stützen wir uns auf Ralph Mann und seine Untersuchungen an amerikanischen Tour-Spielern.

3

4

Der empfehlenswerte Griff (3) sieht so aus, dass der Schwung im vollen Vertrauen darauf gemacht werden kann, dass die Hände im Treffmoment von alleine »square« sind (4).

Wie Sie sehen, haben sich die Hände im »Pro-Griff« aus der »neutralen« Position weggedreht. Die linke Hand ist durch Drehen im Uhrzeigersinn »stärker« geworden, wobei der linke Daumen auf der rechten Seite des Schlägergriffs platziert wird. Auch die rechte hat sich im Uhrzeigersinn gedreht. Die Linie, aus rechtem Daumen und Zeigefinger gebildet, zeigt auf die rechte Schulter. Interessant ist in diesem Zusammenhang, dass schon 3 Millimeter Veränderung Ihrer Hände am Schlägerschaft eine 15°-Änderung des Schlägerkopfwinkels bewirken. Bei einem guten Griff geht es um Millimeter!

Ansprechhaltung

Frage

»Wie habe ich mich auszurichten, damit nicht schon von vornherein ein *Slice* entsteht?«

Ihr Coach rät

- Für den »geraden« Ball müssen Sie immer »square« aufs Ziel ausgerichtet sein.
- Der sog. »offene« Stand (1) leistet dem *Slice* Vorschub, weil man sich hier auf eine Schwungebene programmiert, die den Schläger von »außen« an den Ball bringt. Der »gerade Ball« setzt die »square« Ausrichtung auf das Ziel voraus (3). Bei hartnäckigem *Slicen* könnten Sie auch einmal mit einem »geschlossenen« Stand experimentieren (2).

Wenn gute Spieler bewusst einen *Fade* oder gar *Slice* spielen wollen, sprechen sie den Ball »offen« an. Welch große Bedeutung der Stand bei Spitzenspielern hat, sehen Sie, wenn Sie diesen beim Üben zuschauen. Geht es um den geraden Ballflug, werden meist Schläger vor oder hinter die Füße gelegt, welche garantieren sollen, dass der Stand »square« auf das Ziel ausgerichtet ist.

Gerade was Ihren Stand anlangt, sollten Sie sich immer wieder von Ihrem Pro kontrollieren lassen.

1

2

3

Im Rückschwung nicht voll aufgedreht

Frage

»Wie weit muss ich mich beim Rückschwung aufdrehen?«

Ihr Coach rät

- Schulmäßiges Aufdrehen (1). Die Schulterdrehung beträgt 90°, die Augen haben zu keiner Zeit aufgehört, den Ball zu fixieren. Beide Knie sind gebeugt, die rechte Hüfte hat sich etwa 45° um ein stabiles rechtes Bein gedreht. Die linke Ferse hebt nicht vom Boden ab.
- Die Position 2 zeigt einen sog. »empty turn« – so darf Ihr Rückschwung nicht aussehen.

Optimales Aufdrehen im Rahmen der gegebenen körperlichen Möglichkeiten ist eine Grundvoraussetzung für jeden kraftvollen und präzisen Golfschlag.

Verunglückte Schläge – natürlich auch der *Slice* – haben ihre Ursache vielfach in *mangelhaftem* Aufdrehen. Fast alle Spieler versuchen, ungenügendes Aufdrehen mit aggressivem Zuschlagen auszugleichen, weil sie instinktiv spüren, dass ihnen die körperlichen Voraussetzungen für einen langen Schlag fehlen. Beim aggressiven Zuschlagen aber wird zwangsläufig der gesamte Körper in den Schlag geworfen – mit den oben beschriebenen Folgen.

2

Falscher Rückschwung-Start

Frage

»Ich habe das Gefühl, dass mein *Slice* schon allein durch meinen fehlerhaften Rückschwung vorprogrammiert ist. Was kann ich tun?«

Rückschwungstarts, wie sie unterschiedlicher nicht ausfallen können. Links bewegen sich die Hände korrekt sehr nah am Oberschenkel vorbei, rechts in sehr großem Abstand, mit der Folge: *Slice!*

Ihr Coach rät

Hierbei handelt es sich um einen nicht selten zu beobachtenden Fehler beim Rückschwung-Start, der so gravierend ist, dass er sich kaum mehr ausgleichen lässt. Analysieren Sie Ihren Schwung unbedingt auch auf dieses Kriterium hin. Bei solcher Ausgangssituation ist es fast unmöglich, in eine korrekte Rückschwungposition zu kommen. Der Schwung von außen ist vorprogrammiert. Gute Spieler benutzen diesen Effekt des (leicht) Nach-außen-Zurückschwingens ganz bewusst, wenn sie einen *Fade* oder *Slice* spielen wollen.

Zu steile Schwungebene

Frage

»Einmal ist mein Schwung zu steil, dann wieder zu flach. Was soll ich tun?«

Zu steil ist vielfach die Folge mangelnden Aufdrehens. Es werden stattdessen lediglich die Arme gehoben. Der Longhitter John Daly hat den Rat gegeben, man müsse nur die Hände betont hoch in den Himmel strecken und kraftvolles Zuschlagen wäre gesichert. Auch daraus resultiert oft ein zu steiles Zurückschwingen.

Zu »steil« aber beinhaltet immer auch die Gefahr, im Vorschwung nicht mehr von »innen« an den Ball zu kommen. Bei Spitzenspielern mit sehr steiler Schwungebene sind deutliche Ausgleichsbewegungen zu beobachten – z. B. beschreibt der Schlägerkopf im Vorschwung eine Art Schleife, wenn er von innen an den Ball kommen soll –, Bewegungen, die das Spiel nicht einfacher machen.

Ihr Coach rät

- Sie sehen hier drei Positionen, die deutlich machen, wie verschiedenartig ein Rückschwung aussehen kann. Extreme Positionen wie zu steil (1) oder zu flach (2) sollten tunlichst vermieden werden, weil es bei solcher Ausgangslage großen Könnens bedarf, korrekt an den Ball zu kommen. Es macht daher schon Sinn, sich um die ideale Rückschwungposition (3) zu bemühen.

Fragen Sie Ihren Pro, ob bei Ihnen ein Zusammenhang zwischen Ihrem *Slice* und Ihrem Rückschwung besteht und nehmen Sie, wenn nötig, entsprechende Korrekturen vor.

Zu nah am Ball

Frage

»Wie nah zum Ball oder wie weit entfernt soll ich beim Ansprechen stehen? Es fällt mir schwer, das richtige Maß zu finden. Worauf muss ich achten?«

Ihr Coach rät

1

2

- Zu nah (1) stehen Sie dann, wenn es den Armen an Bewegungsfreiheit fehlt. Die Schwungebene wird im Rückschwung dann meist zu steil. Schauen Sie, wie in der korrekten Ansprechposition (2) die Hände deutlichen Abstand zu den Oberschenkeln haben.

Drills und Erfolgskontrolle

Für den Anti-*Slice* gibt es eine Reihe von Schwunggedanken, die Sie beim Üben auf ihre Tauglichkeit testen sollten. Halten Sie sich an das Motto von Jack Nicklaus:

Immer nur ein Schwunggedanke!

Wir setzen einen korrekten Rückschwung voraus und beziehen uns auf den Beginn des Vorschwungs:

- Rechte Schulter runter.
- Rechte Schulter zurückhalten.
- Die gesamte rechte Körperseite zurückhalten.
- Der Kopf bleibt hinter dem Ball.
- Keine bewusste Drehbewegung der Hüften (sie drehen von selbst).
- Rechte Ferse »klebt« am Boden.
- *Quieten your legs*, empfiehlt Nick Faldo.

Literaturempfehlungen

DANTE, JOE: The four magic moves to winning golf. New York 1995
FALDO, NICK: A swing for life. London 1997
HEBRON, MICHAEL: Golf mind, golf body, golf swing. New York 1993
KÖLBING, ALEXANDER/ACHIM STEINFURTH: Richtig Golf – länger und genauer. München 1999
KOSTIS, PETER: The inside path to better golf. New York 1982
MANN, RALPH/FRED GRIFFIN: Swing like a pro. New York 1998
TOSKI, BOB/JIM FLICK: How to become a complete golfer. New York 1984

Trainingstipps

Vielleicht haben Sie sie schon vermisst – die Hinweise auf spezielle Übungen, mit Hilfe derer Sie sich an die korrekten Bewegungsabläufe herantasten können. Das Dilemma besteht darin, dass man einen Salto vom Reck nicht dadurch lernt, indem man mit einem halben beginnt. Die korrekte Schwungbewegung muss als Ganzes begriffen werden. Folgendes können wir Ihnen anbieten:

➡ Der Schwung mit dem zurückversetzten rechten Bein. Zweierlei lernen Sie mit Hilfe dieser Übung: Sie bekommen ein gutes Gefühl für das »Von-innen-an-den-Ball-Kommen«. Und Sie schützen sich davor, Ihren Körper in den Schwung zu werfen. Die gesamte rechte Körperseite zurückzuhalten ist einer der aufgeführten Schwunggedanken.

26

➡ Das ist für die Erfolgskontrolle: Postieren Sie die Bälle genauso wie hier demonstriert. Ob Sie von innen an den Ball kommen, zeigt sich daran, dass Sie den Spielball ohne Berührung der anderen Bälle schlagen können. Achten Sie dabei auf die Flugbahn des Balls. Einen *Slice* kann es nicht geben.

➡ Hierbei geht es um das Gefühl, richtig an den Ball zu kommen. Versuchen Sie alle diese Positionen exakt nachzuahmen. Am Ende des Rückschwungs (1) haben Sie die rechte Hand in einer Position, die es erlauben würde, ein mit Gläsern gefülltes Tablett darauf abzustellen.
Der Vorschwung (2) beginnt gefühlsmäßig mit einer Art Kippbewegung. Die Hüften haben sich lateral nach vorne bewegt und die rechte Schulter geht runter und **zieht** dabei das »Tablett« mit sich.
Das Ganze geschieht unter Führung des rechten Ellenbogens (3), der **vor** die rechte Hüfte wandert.

28

➡ Wenn Sie die Übung mit einem Schläger in der Hand wiederholen, fällt vor allem auf, dass sich der Winkel zwischen Armen und Schläger am Beginn des Vorschwungs um kein Jota verändert (4 + 5). Hierin liegt die alles entscheidende Voraussetzung für Kraft **und** Richtung in einem Golfschwung. Erst wenn der Ellenbogen sich **vor** der rechten Hüfte befindet, beginnt sich diese nach vorne (aus dem Weg) zu drehen (6). Die jetzt übermächtige Zentrifugalkraft sorgt dafür, dass der Winkel nicht mehr gehalten werden kann. Der Schlägerkopf findet – ohne dass Sie dafür zu sorgen hätten – den Ball. Lang und gerade ist die Folge.

»Zwischen den Ohren«

Sie suchen Rat, wie Sie Ihren *Slice* abstellen können. Die meisten Golfspieler legen bei der Verbesserung ihres Spiels alle Betonung auf rein technische Aspekte. Nach dem Motto: Wenn man weiß, wie es geht, braucht man nur noch ausdauernd genug zu üben, und die Probleme sind vom Tisch.

Die Wirklichkeit sieht fast immer anders aus. Jeder von uns kennt das Phänomen »Driving Range«: Auf der Übungswiese klappt alles, auf der Runde, vor allem wenn es darauf ankommt, nichts. Der Knackpunkt liegt in unserer geistigen Einstellung zum Spiel. Darin, wie wir mit uns selbst umgehen, wenn wir unter Druck geraten. Der viel zitierte **mentale Bereich** ist angesprochen. Die bisherigen Ratschläge bezogen sich ausschließlich auf die Verbesserung Ihrer Technik. Weil technische Veränderungen in Ihrem Spiel aber nicht notwendigerweise Erfolg garantieren, gehören Überlegungen zur mentalen Routine zum Pflichtprogramm.

Die erste Empfehlung: Beschäftigen Sie sich mehr als bisher mit der mentalen Seite des Spiels. Etwa indem Sie den Literaturempfehlungen* folgen und dabei fürs Erste staunend zur Kenntnis nehmen, wie tiefsinnig das Spiel bereits analysiert und wie konkret die mentale Routine beschrieben ist, so dass sich jeder seine eigene Vorgehensweise zusammenstellen kann. Von den Spitzenspielern wissen wir, dass sich bei ihrer Art, Golf zu spielen, 80–90 Prozent »zwischen den Ohren« abspielt. Also tun auch wir gut daran, die mentale Routine zum festen Bestandteil unseres Spiels zu machen.

---

* **Literaturempfehlungen**

Gallwey, W. Timothy: The inner game of golf. New York 1979
Hebron, Michael: Golf mind, golf body, golf swing. New York 1993
Neumann, Jost: Autogenes Golf. München 2000
Rotella, Bob: Golf ist Selbstvertrauen. München 1997
Saunders, Vivian: The golfing mind. London 1995

Mit der Arbeit an Ihrem *Slice* liegt eine Aufgabe vor Ihnen, die, wenn sie erfolgreich abgeschlossen werden soll, großen mentalen Einsatz erfordert. Beim Üben müssen Sie sich immer wieder neu einstimmen und motivieren. Sie müssen Ihre Ziele definieren und den Weg dahin klar vor Ihrem geistigen Auge haben. Hunderttausend Bälle zu schlagen genügt nicht.

Wenn es Ihnen gelingt, die verschiedenen Stationen Ihres Schwungs vor Ihr geistiges Auge zu bekommen, trainieren Sie außerordentlich erfolgreich. Nicht nur, dass Sie das im Golf viel zitierte »muscle memory« stärken, es stellt sich vor allem eine verbesserte Wiederholbarkeit Ihres Schwungs ein.

Die Kunst erfolgreichen Golfens besteht nicht zuletzt darin, vor jedem Schlag einen Plan zu entwickeln, wie die aktuelle Situation sowohl strategisch als auch technisch zu meistern ist. Das gelingt umso besser, wenn in Ihrem Kopf alles ausgeblendet wird, was die Konzentration von dieser Aufgabe ablenkt, vor allem jene Gedanken, die destruktiv sind oder es werden können. Eine effiziente mentale Routine ist gefragt. So oder so ähnlich könnte diese für Sie aussehen:

- Vor jedem Schlag – gleich ob Drive oder Putt – nehmen Sie sich Zeit, bewusst mit sich selbst zu sprechen. Sagen Sie sich, dass Sie gerne spielen, dass sie freiwillig diesen Wettkampf suchen, dass Sie sich auf den nächsten Schlag freuen. Geben Sie diesen positiven Gedanken gezielt Ausdruck. Lächeln Sie ganz bewusst (auch wenn es schwer fällt).
- Überprüfen Sie, ob Sie innerlich oder äußerlich aufgeregt oder eher müde sind. Dämpfen Sie Ihren Bewegungsdrang durch gezieltes »Herunterschalten«, bringen Sie sich wieder auf Touren durch entsprechende Lockerungsübungen – je nachdem, was gerade nötig ist. Ganz wichtig ist: Erinnern Sie sich an einen guten Schlag, den Sie bei gleicher Aufgabenstellung einmal gemacht haben. Programmieren Sie den Erfolg.
- Wenn Sie auf Ihren Ball zugehen, dann sollte, sagen wir, 20 Meter vor dem Ball das bewusste Ausblenden der Störgedanken beginnen. Versuchen Sie dies wiederum im Zwiegespräch:
  »Ich habe mich jetzt für kurze Zeit einer bestimmten Aufgabe zu widmen und diese will

Der große Tag ist da!

Es war noch dunkel und die Luft war frisch, als Doro und ich die lange Auffahrt des Reitstalls entlanggingen. Die letzten Sterne leuchteten am Himmel, aber im Osten graute schon der Morgen herauf und die Vögel hatten ihr Frühkonzert angestimmt. Mitten im Hof stand der große silberne Pferdetransporter mit heruntergelassener Verladerampe im hellen Lichtschein des Strahlers über der Stalltür und ich wurde ganz nervös bei der Vorstellung, dass ich gleich mein Pferd diese Rampe hinaufführen sollte. Heute war der Tag, auf den ich hingefiebert hatte, seitdem unser Reitlehrer Herr Weyer mich vor zwei Monaten auf der Stallgasse gefragt hatte, ob ich einen Reitausweis besäße: Denn ich sollte mit Won Da Pie mein allererstes Turnier reiten, gleich ein A-Springen und ein L-Springen, und das nicht etwa auf einem unbedeutenden Vereinsturnier, sondern beim großen Osterturnier in Bischofsheim.

»Ich bin echt aufgeregt«, gestand ich meiner besten Freundin. »Aber ich freu mich auch total!«

»Ich beneide dich!«, erwiderte Doro. »Beim nächsten Turnier reite ich auch.«

Doro hatte sich vor ein paar Wochen den Arm gebrochen und deshalb eine Weile nicht reiten und trainieren können, aber dennoch war geplant gewesen, dass sie mit Cornado, ihrem Schimmelwallach, in Bischofsheim zwei A-Springen reiten sollte. Vor drei Tagen hatte sie jedoch verkündet, ihr Arm täte noch immer weh und ihre Eltern hielten es für vernünftiger, auf einen Turnierstart zu verzichten. Das hatte mich ziemlich überrascht, denn eigentlich war Doro viel ehrgeiziger als ich und hatte es kaum erwarten können, zum ersten Mal auf einem Turnier zu reiten.

»Hoffentlich ist dein Arm bis dahin okay«, sagte ich. »Ich find's auf jeden Fall cool, dass du mitkommst.«

»Ich würde mir doch niemals deinen ersten Turnierstart entgehen lassen!« Doro grinste. »Du brauchst ja irgendjemand, der die ganzen Pokale nach Hause schleppt.«

»Na ja, gewinnen werde ich wohl kaum. Da reiten eine Menge Leute mit, die wahnsinnig viel Erfahrung haben. Ich bin schon zufrieden, wenn ich durchs Ziel komme, ohne Wondy und mich zu blamieren.«

Das stimmte nicht ganz. Insgeheim hatte ich mir schon oft vorgestellt, wie der Turnierrichter Won Da Pie bei der Siegerehrung die goldene Schleife an die Trense heftete und ich lässig lächelnd die Ehrenrunde im Galopp anführte. Aber diese Tagträume verriet ich nicht einmal meiner besten Freundin, die sonst fast alles von mir wusste.

Won Da Pie, der in einer der Außenboxen stand, hatte mich in der Dunkelheit erspäht und wieherte laut. Diese freudige Begrüßung machte mich jeden Tag glücklich, auch wenn mein Bruder behauptete, Wondy würde sich nicht über mich freuen, sondern wegen der Möhre, die ich ihm immer mitbrachte.

»Ich komme sofort!«, rief ich meinem Pferd zu.

Noch vor einem Jahr war ich ein Riesenangsthase gewesen. Schon zwei Tage vor einer Springstunde hatte es mir den Appetit verschlagen und ich war mit schlotternden Knien in den Reitstall gelaufen – beinahe so, als ob ich zu meiner Hinrichtung ginge. Während sich Doro immer auf die Reitstunden gefreut hatte, war mir jedes Mal schlecht gewesen. Niemals hätte ich das zugegeben, aber ich hatte mich schrecklich davor gefürchtet, die Schulpferde Hanko, Farina oder gar den hinterhältigen Flocki reiten zu müssen, die fies buckeln konnten und das auch gerne taten. Unser ehemaliger Reitlehrer Kessler hatte das gewusst und mich meistens für meine Lieblingspferde Goldi, Tanja oder Liesbeth eingeteilt. Alex, der Sohn des zweiten Vorsitzenden unseres Vereins, der hin und wieder die Reitstunden gab, wenn Herr Kessler verreist oder krank war, hatte mir hingegen mit Vorliebe die Schulpferde zum Reiten gegeben, vor denen ich mich zu Tode fürchtete.

Diese Angst hatte ich erst dank Won Da Pie besiegt, von dem ich in den letzten Monaten unglaublich viel gelernt hatte. Der braune Wallach war temperamentvoll und sensibel, und obwohl ich schon oft genug von ihm heruntergefallen war, hatte ich Vertrauen zu ihm. Seitdem ich ihn besaß und jeden Tag reiten konnte, fürchtete ich mich nicht mehr vor dem Springen, im Gegenteil – ich liebte es mittlerweile, denn mein Pferd konnte fantastisch springen und störte sich nicht daran, wenn ich mal einen Fehler machte. Die Albträume, die mich früher regelmäßig nachts heimgesucht hatten, blieben schon seit Monaten aus.

Doro und ich betraten den Stall.

»Guten Morgen!«, rief Katie, die Asset, ihren Fuchswallach, auf der Stallgasse angebunden hatte und gerade die Strohhalme aus seinem Schweif zupfte. »Na, gut geschlafen?«

Sie trug schon ihre weiße Reithose, hatte aber zum Schutz vor Flecken eine pinkfarbene Jogginghose drübergezogen.

»Hey«, erwiderte ich. »Klar, wie ein Stein.«

Katie von Richter und ihr Bruder Sven waren schon in ihrem ehemaligen Stall Schüler unseres neuen Reitlehrers gewesen, und als Herr Weyer im Januar im Bad Sodener Reitverein angefangen hatte, waren sie mit ihren Pferden Asset und Star Appeal hergekommen. Ich hatte die beiden von Anfang an nicht leiden können, denn sie hatten sich furchtbar arrogant benommen und alles, was uns an unserem Reitstall gefiel, miesgemacht. Ihre Mutter, der Doro den heimlichen Spitznamen »Dragon-Mum« verpasst hatte, hatte ständig versucht, ihren Kindern irgendwelche Vorteile zu verschaffen. Doch eines Tages hatte ich Katie dabei überrascht, wie sie im Umkleideraum auf dem Boden gesessen und geheult hatte, und da hatte ich begriffen, wie unglücklich sie eigentlich war. Sie hatte keine Freunde und hasste es, dass sich ihre Mutter in alles einmischte und sich damit unbeliebt machte. Ich hatte ihr vorgeschlagen, bei unserem Ritt durch die Stadt mitzumachen und am Tag der offenen Tür hatten Thierry, Katie und ich mit unseren Pferden eine Springvorführung gegeben. Sie war sogar mit zur Stadtverordnetenversammlung gegangen, auf der über das Schicksal unseres Reitstalles entschieden worden war!

Seitdem war sie wie verwandelt und wir hatten festgestellt, dass sie eigentlich total nett war. Ihr Bruder Sven, den wir Draco nannten, war nie gerne geritten und hatte schließlich den Mut gefunden, das seiner Mutter zu sagen. Und als die von Richters eine Reitbeteiligung für Svens Pferd »Schtari« gesucht hatten, hatte ich ihnen Simon Orthmann empfohlen. *Simon!* Wenn ich an ihn dachte, bekam ich unwillkürlich Herzklopfen.

»Ah, da seid ihr ja! Guten Morgen!« Dragon-Mum kam mit einem Becher Kaffee in der Hand aus der Sattelkammer und warf einen Blick auf ihre Uhr. »In einer halben Stunde müssen wir verladen.«

»Alles klar, wir beeilen uns«, erwiderte ich.

Gestern Abend hatten Katie und ich bereits das Sattelzeug und unsere Turnierklamotten in den Lkw gepackt, sodass wir heute Morgen nur noch die Pferde putzen und verladen mussten. Katie, die schon seit Jahren auf Turnieren startete, hatte uns auch schon via Internet für unsere Prüfungen eingetragen.

Won Da Pie schnaubte und stupste mich an, als ich die Tür seiner Box öffnete und ihm das neue Lederhalfter überstreifte, das ich extra für die Fahrt zum Turnier gekauft hatte. Seine schönen dunklen Augen blitzten unternehmungslustig.

»Ob er weiß, dass heute ein besonderer Tag ist?«, fragte ich Doro.

»Ganz sicher!« Meine Freundin nickte. »Er hat den Lkw gesehen und er spürt bestimmt, wie aufgeregt du bist. Außerdem haben wir ihn gestern eingeflochten.«